RÉFLEXIONS

D'UN COSMOPOLITE

SUR

L'ÉTAT ACTUEL DES CHOSES

EN EUROPE.

PARIS,

POTEY, LIBRAIRE, RUE DU BACQ, No. 46,
PRÈS CELLE SAINT-DOMINIQUE.

1806.

DE L'IMPRIMERIE DE L. HAUSSMANN, RUE DE LA HARPE,
N°. 80.

REFLEXIONS D'UN COSMOPOLITE SUR L'ÉTAT ACTUEL DES CHOSES EN EUROPE.

En comparant l'état actuel de l'Europe avec celui qui existoit, avant que le héros de la France ait paru sur le théâtre du monde, on ne reconnoît plus la marche ordinaire des événemens politiques et militaires.

Personne ne mettra en doute qu'il n'existe plus d'équilibre politique. Le génie du Monarque français n'en admet point. Autrefois les Cours suivoient un système reçu et connu; il y avoit des probabilités qui faisoient entrevoir l'avenir; mais aujourd'hui, que la politique de l'Europe est dirigée par NAPOLÉON, que les autres puissances se sont tant de fois trompées dans leurs calculs, que le nom seul du Souverain français tient lieu de victoires, l'Europe étonnée, ne pouvant deviner la volonté de ce génie, trouve son intérêt dans le système fédératif, adopté par la France et intimement lié au bonheur de l'Europe. C'est ce système qui réalise le beau rêve d'une paix perpétuelle que Henri IV désiroit envain.

Il y a des personnes qui au contraire envisagent cet état des choses comme le malheur de l'Europe, puisqu'il n'y aura désormais qu'une puissance indépendante, de laquelle les autres puissances recevront plus ou moins la loi. Mais pourquoi faire des raisonnemens, quand il s'agit d'un fait ? L'Europe ne peut rien contre la France, donc la dépendance en est une suite.

Il n'est plus question de s'affranchir de l'influence politique étrangère. La Russie paroissoit vouloir disputer cette influence à la France ; mais NAPOLÉON a mis des bornes à ses progrès et gagné victorieusement la cause de la civilisation contre le vandalisme (*).

(*) Il est un fait que les Autrichiens mêmes étoient indignés des excès que les Russes se sont permis dans les États héréditaires, et que les barbaries de leurs amis faisoient un vrai contraste avec les procédés de leurs ennemis. Ils ne respectoient pas même les magasins et les équipages des armées. Le jour de la bataille d'Austerlitz des

Le Portugal , l'Espagne , la Hollande, la Suisse et l'Italie ne connoissent d'autre intérêt politique que celui de la France. L'Autriche affoiblie trouve sa politique dans son rapprochement avec la France. La Prusse, en respectant la supériorité française, est en même temps, par la prise de possession du Hanovre, l'intime alliée de l'Empereur NAPOLÉON. La Russie s'est vue repoussée au nord par les suites de la bataille d'Austerlitz. Le Grand-Seigneur même, autrefois dans la dépendance de la Russie , trouve un plus grand intérêt de reconnoître l'Empereur des Français et Roi d'Italie, qui par la Dalmatie est devenu

Cosaques entrèrent dans ce village , au moment où les empereurs *François* et *Alexandre* s'y trouvoient, et le pillèrent à leur vue.

son voisin, que de s'exposer à la vengeance de son ennemi le plus redouté jusqu'ici. Le Danemarck s'est toujours distingué par une politique sage, modérée et analogue à sa situation. Il reste maintenant à savoir s'il soutiendra cette réputation. Il est impossible de dire la même chose de la Suède; mais si sa conduite politique n'est d'aucune conséquence dans la balance de l'Europe, elle ne sera pas indifférente pour elle-même.

Il reste encore à parler de l'Allemagne. En temps de paix, cet empire mérite l'attention de l'observateur cosmopolite. Il est fertile et habité par un peuple industrieux qui, non sans quelques succès, s'applique aux lettres ainsi qu'aux arts. La tolérance, la liberté peu limitée de la presse, et la quantité d'instituts littéraires et d'universités ne contribuoient pas peu à l'abolissement des préjugés, à un rapprochement des opinions les plus diverses, et à établir des principes de justice et d'équité.

Les princes ne sont pas souverains absolus. Le droit d'imposition et de conscription est fort limité. En fait de justice, les causes civiles ne peuvent être décidées par eux ; et quant aux causes criminelles, ils n'ont que *le beau droit* de faire grace, et nullement celui de renchérir sur la peine infligée par le juge. De leurs tribunaux civils on appelle aux tribunaux de l'Empire, et les princes mêmes sont soumis, quant à leurs personnes, au conseil aulique de l'Empire, devant lequel les sujets peuvent porter plainte contre leurs oppresseurs, et qui les oblige de rentrer dans les bornes prescrites par les lois constitutionnelles. Dans les petits états, le sujet le plus pauvre peut, sans difficulté et sans frais, se rendre à la résidence du prince, et lui exposer en personne ses vœux; avantage qui fait connoître au prince une grande partie de ses sujets, leurs besoins, les fautes de l'administration et des administrateurs; de voir et d'entendre par lui-même, et de pouvoir venir au secours et améliorer le sort de ses sujets. Les capitales n'y sont pas des gouffres, dans lesquels se perdent sans retour les richesses de l'état. Mais les villes et les campagnes, étroitement unies, s'enrichissent de leurs besoins mutuels. Une aisance, également partagée, exclut en même temps l'excès de l'opulence et de la misère, ne permet point l'oisiveté, repousse le raffinement des besoins, empêche les changemens subits de fortune, et tout ce qui porte l'homme à se dépraver et à devenir un citoyen dangereux.

Mais depuis des siècles entiers, l'Allemagne ne joue plus aucun rôle ni politique ni militaire. Cet empire, divisé en beaucoup de principautés, n'offre aucun ensemble ; chaque prince se trouve par son propre système politique détaché de son co-état : de là sa nullité. Cet état des choses paroissoit plaire aux autres puissances de l'Europe. Effectivement, il en provenoit deux avantages, celui de voir sans force un puissant empire, et celui d'en disposer en temps de guerre.

La jalousie des puissances contribuoit aussi à la conservation de l'Allemagne. Les états trop foibles pour se soutenir eux-mêmes, sont obligés d'adopter le système politique d'un état voisin puissant.

On devroit croire que l'empereur d'Autriche, comme empereur d'Allemagne, dirige la politique germanique; mais par les dernières guerres, cette dignité n'est devenue qu'un vain titre. On peut donc dire que l'Allemagne, considérée politiquement, n'est divisée aujourd'hui qu'en deux partis, celui de la France et celui de la Prusse. Le dernier comprend presque tout le nord de l'Allemagne, influencé directement par la Prusse, mais indirectement par la France, en vertu de son pouvoir sur la Prusse, et contient:

1°. L'électorat et les duchés de Saxe, de. . . . . . . 2,500,000 ames.

2°. L'électorat et le duché de Brunswic, de 1,150,000

3°. L'électorat de Hesse, de.. 500,000

4°. Les maisons de Mecklenbourg, Anhalt, Schwarbourg, Reuss, et les villes impériales de Hambourg, Lubeck et Bremen, de. 1,500,000

5,650,000 ames.

Le parti français comprend:

1°. Dans le nord de l'Allemagne,

Les duchés de Clèves et de Berg, contenant une population de....	350,000 ames.
Les maisons d'Aremberg, de Nassau, Croy, Looz, Salm, Lippe, Solms, Wied, Waldeck, Bentheim, Wittgenstein, de...	820,000
2°. Au sud,	
Le royaume de Bavière, de........	3,000,000
Le royaume de Wirtemberg, de...	900,000
L'électorat de Bade, de.............	600,000
Les états de l'électeur archichancelier, de..	109,000
De cette part...	5,779,000 ames.

De l'autre part. . .	5,779,000 ames.
Le landgraviat de Darmstadt, de.	388,000
Les maisons de Schwarzenberg, Oettingen, Linange, Furstenberg, Hohenlohe, Tour et Taxis, Hohenzollern, Lichtenstein, Wertheim, Metternich, Isenbourg, Waldbourg, Pappenheim, Sternberg, Bassenheim, Castel, Erbach, Leyen, etc., la ville de Francfort, de.	625,000
Total. . .	6,792,000 ames.

La partie de l'Allemagne où sont ces états, se trouve dans ce moment-ci dans un état vraiment anarchique. Les droits constitutionnels, les lois, les tribunaux ne sont plus respectés. La Bavière, le Wirtemberg et Bade ne se respectent pas eux-mêmes, et encore moins leurs co-états. Non contens de ce qu'ils doivent à la générosité magnanime de l'Empereur des Français, non contens d'être souverains chez eux, ils empiètent sur les autres états, et s'y approprient ce que bon leur semble. C'est ainsi qu'ils s'y sont rendus maîtres des biens des ordres Teutonique, Équestre et de Malte.

Si la noblesse immédiate a été dissoute, il paroît conforme à la nature des choses que la supériorité territoriale, sur un bien équestre, tombe en partage à l'état dans lequel il est situé. On a toujours fait sentir l'inconvénient, que les biens équestres soient des points isolés, qui n'admettoient aucune administration de justice, de police et d'économie politique. Ils ne seront pas moins isolés, si un prince étranger s'en empare. Ils ne tirent aucun avantage de l'ordre social, portent toutes les charges publiques sans l'espoir d'aucun retour des contributions, qu'ils sont obligés de payer, et se trouvent de tout côté gênés par les voisins qui les traitent comme étrangers. La plupart de ces biens tenoient d'ailleurs déjà à l'état qui les entoure. Ordinairement celui-ci en est le seigneur suzerain ou même le propriétaire. D'ailleurs, des engagemens pris avec leurs semblables, tels que l'association des membres de l'ordre Equestre, ne prouvent aucune soumission, et rompus par les circonstances, ne peuvent donner à un tiers un droit de domination. Ce qui est encore plus sensible, c'est l'occupation des biens des ordres Teutonique et de Malthe dans des états étrangers. Ces ordres n'ont pas été supprimés. Si la souveraineté donne le droit de leur ôter leurs biens, cela ne peut être que dans l'enceinte de l'état et non pas dans un autre état qui ne reconnoît nullement cette souveraineté, et qui pourroit plutôt prétendre à des biens, donnés par lui aux ordres, formant en partie son bien ecclésiastique, et situés dans son enceinte. Si ces derniers, ainsi que les biens de l'ordre Équestre tombent entre les mains d'un prince étranger, l'état deviendroit, pour ainsi dire, son tributaire, s'appauvriroit en raison des revenus sortans, et seroit infailliblement exposé à des disputes continuelles avec le prince, qui seroit possessionné, non-seulement dans la même Principauté, mais très-souvent dans le même village.

L'Empereur des Français, qui s'intéresse au bonheur de toute l'Europe, mettra certainement un terme à ces vexations, et donnera à cette partie de l'Allemagne un ordre de choses qui remplace l'état d'anarchie actuel. Il y a des personnes qui tâchent de faire accroire que l'existence politique des petits états est devenue une chimère, afin d'effectuer leur réunion à de plus grands états. On ne peut cependant s'en faire aucune idée. Les rois de Bavière, de Wirtemberg et l'électeur de Bade sont devenus des souverains; mais le chef de la maison d'Autriche, les rois de Prusse, de la Grande-Bretagne, de Danemarck et de Suède, qui le sont depuis long-temps, n'en sont pas moins états de l'Empire, et soumis aux lois et aux tribunaux germaniques. La paix de Presbourg stipule aussi expressément, que les trois souverains ne cesseront d'appartenir à la confédération germanique. On ne peut supposer qu'ils menacent l'existence des petits états, toujours respectés par les autres, ni qu'ils soient moins justes et reconnoissent moins les rapports constitutionnels avec leurs co-états. Si le droit du plus fort, au défaut de générosité et de justice, est quelquefois exercé par des puissances du premier rang, il ne peut convenir à des états secondaires, qu'il expose autant que les petits états. Il peut encore moins subsister entre les membres du même état, sans bouleverser l'ordre social et sans établir le principe, que le riche peut impunément dévorer la substance du pauvre.

Quelle raison y a-t-il donc de ne pas maintenir un état de choses que les peuples envisagent comme leur bonheur ? Pourquoi le changer contre un autre qui ôteroit aux petits états jusqu'au droit de se prononcer pour la France en cas de changement du système politique des états dont ils feroient partie, qui en imposant des obligations envers l'ancien et le nouveau prince, doubleroit les charges du peuple, et ne donneroit pas même la satisfaction de les garantir dans un moment de guerre, où les états secondaires ne peuvent se soutenir eux-mêmes sans l'appui d'une grande puissance? La France peut les protéger; mais ils ne peuvent l'être ni par la Bavière, ni par le Wirtemberg, ni par l'électeur de Bade. Les alliés étant le plus généreusement récompensés ne peuvent non plus demander comme dédommagement le sacrifice des petits états, aussi attachés à la France qu'eux, et moins dangereux en changeant de système politique. D'ailleurs, le cabinet de France a de tout temps daigné protéger les petits états. C'est lui qui par la paix de Westphalie, et l'acte de médiation de 1803, a consolidé la supériorité territoriale de tous les états, et qui a tâché de conserver les différentes nuances de grandeur et de force en Allemagne qui empêchoient de concentrer les forces, et laissoient la France maîtresse d'un grand empire. Un mot du monarque français, et l'existence politique des petits états sera raffermie plus que jamais par une confédération établie entre eux, intimement liée à la France et capable d'entretenir un corps d'armée du moins égal aux forces militaires réunies de Wirtemberg et de Bade. Pour plus d'unité, on pourroit donner au duc de Clèves la direction du militaire, et à l'électeur archichancelier la direction du civil et de l'ecclésiastique. La confédération politique des petits états peut acquérir encore plus de force et de consistance, s'ils obtenoient en même temps la réunion territoriale. Ce but se trouveroit presqu'entièrement rempli, si la majeure partie des états de la Souabe étoit transférée en Franconie, dans les pays d'Anspach et de Bamberg. Le roi de Bavière seroit suffisamment dédommagé par leurs possessions, se verroit par-là maître de tout le cours du Danube, et pourroit, par un échange avec le roi de Wirtemberg et l'électeur de Bade, se procurer le commerce presqu'exclusif de l'Allemagne avec la Suisse.

www.ingramcontent.com/pod-product-compliance
Lightning Source LLC
LaVergne TN
LVHW020459230826
846091LV00008BA/3284

* 9 7 8 2 0 1 6 1 2 4 6 0 4 *